JN231621

「ストウブ」で、こだわりパン

ロティ・オラン 堀田誠

河出書房新社

CONTENTS

ちょっとこだわりの高加水パン

- 計量を正確にするため、材料はすべてgで表記しています。
- 本書では電気オーブンを使いましたが、ガスオーブンの場合の温度や焼き時間も明記しています。ただし、電気オーブンもガスオーブンも機種によって多少焼き時間が異なるので、焼き色を見ながら調整してください。
- 発酵時間は環境によって多少異なる場合があります。1.5倍などの膨らむ目安を参考にしてください。

ちょっとこだわりの
食パン風

ちょっとこだわりの
ブリオッシュ風

ちょっとこだわりの
高加水パンとは

高加水パンの生地は、水分量が多くて手でま
とめにくいのが特徴です。強くこねてグルテ
ンを作ることができないので、混ぜる作業が
中心になります。

この本では、「粉の種類」や「粉の組み合わせ」、
「具材」などに、ちょっとだけこだわった3タ
イプの生地の高加水パンをご紹介します。基
本のパンはずっしり、食パン風パンはふんわ
り、ブリオッシュ風パンはふんわりで濃厚味。
それぞれ粉や具材が持つ風味や食感の違い
で、さらにバリエーションが広がります。

パンを焼くのは型や天板ではなく、ストウブ
の鍋。これなら道具も少なくてすみ、手を汚
すことも粉が飛び散ることも少ないので、だ
れでも簡単に作れます。

ストウブの鍋だから
おいしい！

保温性、保湿性に優れているストウブの鍋は高加水パンにぴったりです。発酵中の水分の蒸発を防ぎ、持ち前の蓄熱性で、焼成すると外はカリッ、中はしっとりもっちりに焼き上がります。ストウブの鍋は料理だけでなく、高加水パン作りでも大活躍すること間違いなし！ 使うたびにその魅力のとりこになることでしょう。ストウブの鍋だからこそ味わえるおいしいパンを、存分に楽しんでください。

基本の
材料

粉

この本では味を強く感じることができる国産小麦粉を主に使う。袋に書いてある「灰分量（＝ミネラル分）」をチェックして、0.4％以上の粉を選ぶと、深い味わいのパンに仕上がる。

国産小麦粉

ゆめちから、はるゆたかブレンド、タイプER、春よ恋。

その他の粉

大麦粉、サッコロッソ、国産小麦全粒粉、スペルト小麦粉、マルチシリアルパウダー、大豆粉、そば粉、国産ライ麦粉など。

塩

どんな塩でもよい。この本ではミネラル分が多い天然塩を使用。深い味わいのパンに仕上がる。

水

軟水と硬水があり、この本では軟水を使用。浄水器を通した水やペットボトルの水（硬度30〜50）。

インスタントドライイースト

シンプルなパン用と糖分の多いパン用（耐糖性）の2種類がある。この本ではシンプルなパン用を使用。

イーストについて

イーストには生、ドライ、インスタントドライの3種類があり、生イーストは酵母が生きているので扱いが難しく、ドライイーストは予備発酵が必要。これらに比べてインスタントドライイーストは、予備発酵がいらず、発酵力が一番強くて初心者にも扱いやすいのでおすすめです。

基本の道具

密閉容器
生地作りから一次発酵までこれ一つあればOK。膨らむ様子が外から見える半透明のものがおすすめ。ボウルもいらないし、蓋付きなのでラップがいらないのも利点。この本で使用したのは14×14×高さ7cmのもの。

ポリ袋
食パン風とブリオッシュ風の高加水パンを作るときに使う。材料を合わせて袋をふって混ぜ合わせる。

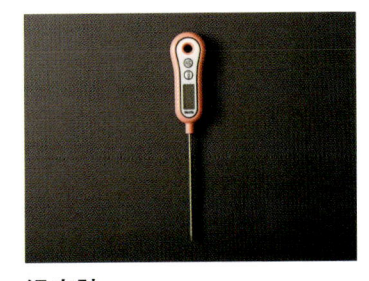

温度計
生地をこね上げたときのこね上げ温度が大切なので、こねる前の粉の温度と水の温度を食品温度計ではかる。室温はキャップを外して、そのまま出しておいた状態ではかる。

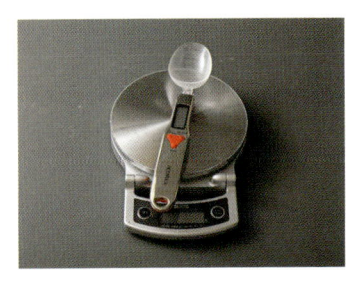

はかり
2種類あると便利。2kgまではかれるデジタルばかりと、0.1gまで正確にはかれる微量デジタルばかり。微量をはかるのは塩やイーストで、スプーンタイプのものがあると便利。

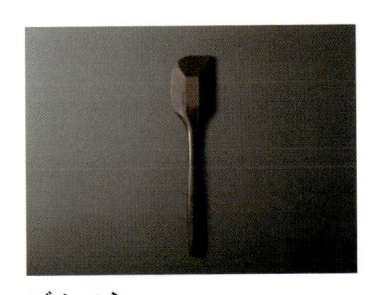

ゴムべら
水分が多い生地なので、手で混ぜると生地が手にくっついてしまうためゴムべらを使う。生地を混ぜるときはグルテンを壊さないようにやさしく混ぜるのがポイント。

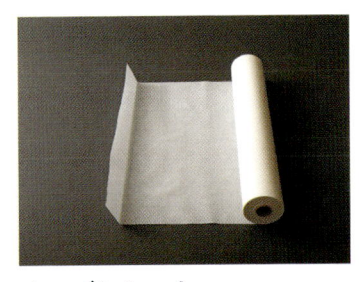

オーブンシート
生地が鍋にくっつくのを防ぐため、鍋底に敷く。鍋に合わせてカットし、生地を流し入れる。焼き上がったあともシートがあると取り出しやすい。

ストウブの鍋
二次発酵から焼成までこれ一つでOK。保温性、保湿性、熱伝導性が抜群で、高加水パンには最適の鍋。この本では17cmオーバル、18cmと20cmラウンドを使用。

高加水パン作りの
ポイント

［ こね上げ温度 ］

パン生地はイーストが発酵するから膨らみます。イーストは生きているので、温度によって発酵の状態がかわってきます。中でも生地を混ぜるときのこね上げ温度は、**最初の発酵を促すための温度**なので、粉や水の温度、室温がとても重要です。この本では**こね上げ温度を25℃**に設定。

そのための計算式は、「**室温＋粉の温度＋水の温度＝75℃**」。この計算式に室温と粉の温度を当てはめ、水の温度を計算して調整します。例えば室温が25℃の場合、室温に出しておいた粉の温度も25℃。75－25－25＝25となり、25℃の水を加えます。

［ 発酵 ］

一次発酵と**最終発酵**があり、**一次発酵**はこね上げた生地に含まれている酵母が、グルテン骨格の間に**炭酸ガスの気泡を作っていく工程**。**最終発酵**は成形でととのえた気泡とグルテン骨格をさらに伸ばして、**食感や風味、旨み、香りを決める工程**です。

それぞれのパンで決められた発酵温度があるので、オーブンの発酵機能などを利用して発酵を行いましょう。

［ ベーカーズ％ （パーセント） ］

粉の量を100％とし、その他の材料を粉の量に対しての割合で示すのがベーカーズパーセントです。この値があると、少量の生地でも大量の生地でも、材料の量を簡単に計算することができます。例えば、粉100％で砂糖5％の場合、粉500gを使いたいとき砂糖は500×0.05＝25g。この本ではすべてのレシピに記載してあるので、活用してください。

［ オーブンシートの敷き方 ］

どのパンを焼く場合も、鍋にオーブンシートを敷きます。この本で使う17㎝、18㎝、20㎝のストウブの鍋に共通のオーブンシートのカットの方法、切り込みの入れ方をご紹介します。

1 オーブンシートを30㎝四方の正方形に切り、半分に折る。

2 切り込み線を6カ所書き、ハサミで切り込みを入れる。

3 鍋に合わせて敷き込む。

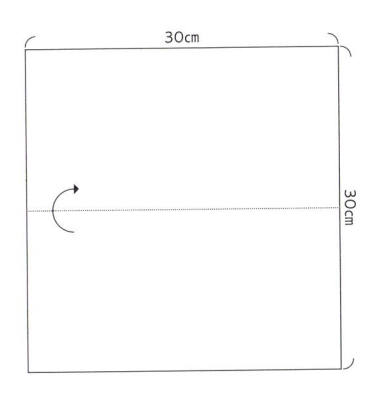

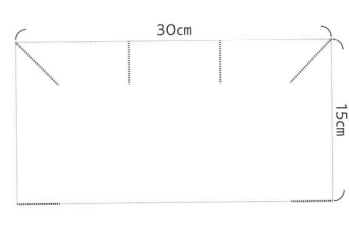

ラウンド

オーバル

［ パンの保存 ］

焼き上がったパンは、オーブンシートごと鍋から出して冷まし、カットしていただきましょう。もし残った場合は、ラップに包んで冷凍用保存袋に入れて冷凍庫で保存し、なるべく早く食べるようにしてください。食べる際は、自然解凍してから軽くトーストするとおいしくいただけます。

ストウブの鍋について

パンがおいしく焼ける3つの秘密

[エマイユ加工]

でき上がった鋳物の表面に液状のホーローを吹きつけて、800℃で30分焼成する加工法。この加工が施されているストウブの鍋は保温性、保湿性、保冷性に優れています。パンを発酵させている間に水分が蒸発するのを防ぎ、しっかり蓄熱して焼けます。

[ピコ]

蓋の裏面についている丸い突起のこと。鍋が温まって食材から出た水分が蒸気になり、その蒸気が対流して水滴になり、ピコを伝って鍋中にまんべんなくふり注ぎます。パンを焼く場合は、ピコのおかげで乾燥を防ぐことができます。

[オーブン対応]

蓋の取っ手が金属製で高温に耐えられるため、蓋をしたままオーブンに入れられます。パンを焼く場合は、石釜のようにしっかり蓄熱ができ、熱がじっくり生地に伝わって膨らみ、しっとりとしたおいしいパンが焼き上がります。

ストウブの鍋の種類

形も色も豊富です。形は大きく分けて、丸形のラウンドと楕円形のオーバルの2つ。ラウンドは10cmと、14cmから2cm間隔で24cmまで。オーバルは11cm、15cm、17cm、23cm、27cmが定番サイズ。色はブラック、グレー、チェリーなどの定番カラーをはじめ、新色も次々に出ています。

＊業務用サイズのラウンドは34cmまで、オーバルは41cmまでのサイズがある。詳しくはツヴィリング J.A. ヘンケルス ジャパン公式オンラインショップ（P80参照）で。

この本で使う
ストウブの鍋について

この本では17cmオーバル、18cmと20cmラウンドを使用します。

基本のこだわりパンの生地の分量と焼き時間は、3つの鍋すべてに共通です。

食パン風とブリオッシュ風は食感にこだわるので、それぞれの鍋にあった生地量をおすすめします。

P18、P40、P60に粉の量と焼成時間を記載しているので参考にしてください。

はじめに

2014年に発売した『「ストウブ」で、パン』では、初心者でも失敗しない高加水パンの作り方をご紹介しました。今回は手軽に作れるのはもちろん、ちょっとだけこだわりのパン作りを楽しんでいただこうと考えて、粉の質や食感に焦点を当てたパン作りをご紹介します。

小麦粉にしっかりとお水を吸わせて、もっちりパンの奥深い味わいをしっかり噛みしめて楽しんでみてください。何度もこねて作るふんわりパンの王道の作り方からは外れますが、この本では手軽に作れるオールインミックス法で食パン風を作ります。この方法は、砂糖も油脂も最初から加え、しっかり混ぜるようにしてこねるやり方です。ゴムべらを上手に使って、ばらばらになりそうな生地を、あたかもフォークでパスタを食べるときのように、ぐるぐる巻きつけながらひとまとめにします。

食感にこだわりたければ、こねた生地を冷蔵庫に入れないで、一気に焼き上げます。

さらに応用編として、ブリオッシュ風では粉とバターをあらかじめすり混ぜる方法もご紹介します。これは、食べると軽くてふんわり、それでいて歯切れのいいおいしいパンに仕上がります。

どのパンもストウブの鍋一つでできるので、ぜひチャレンジして高加水パン作りを楽しんでください。

ロティ・オラン 堀田誠

ちょっと こだわりの 高加水パン

ずっしりとして、しっかり味の高加水パン。
何もつけなくても、噛みしめるほどに
パンそのものの味が口の中に広がります。
粉をかえたり、2つの粉を合わせたり、
具材を入れて楽しみましょう。

基本の高加水パン

前日に一次発酵を行い、当日に最終発酵をして焼き上げます。

一晩、冷蔵庫でゆっくりと発酵させることで、旨みの濃いパンに仕上がります。

BASIC

材料　18cmラウンド1台分

		ベーカーズ%
タイプER	300g	100
インスタントドライイースト	0.6g	0.2
塩	5.4g	1.8
水	240g	80
Total	546g	182

準備

前日

・粉は密閉容器に入れてはかる。

当日

・鍋にオーブンシートを敷く（P11参照）。

［ 鍋別、粉の量と焼成時間 ］

＊粉200g、250gの場合は、上記のベーカーズ%にしたがって他の材料を加減してください。

	17cmオーバル	18cmラウンド	20cmラウンド
粉200g	30 〜 35分（蓋をして15分→蓋なしで15〜20分）		✕
粉250g	35 〜 40分（蓋をして15分→蓋なしで20〜25分）		
粉300g	35 〜 40分（蓋をして15分→蓋なしで20〜25分）		

STEP 1

粉にイーストを加える

粉の入った密閉容器にイーストを加える。

STEP 2

混ぜる

ゴムべらで下から上に持ち上げるようにして軽く数回混ぜ、片側に寄せる。

STEP 3

塩と水を加える

あいたところに塩を入れ、水を加える。

STEP 4

やさしく混ぜる

ゴムべらを前後にゆっくり動かしながら、粉と合わせていく。やさしくゆっくりと。容器が大きすぎたりすると混ぜすぎの原因になるので、やや小さめくらいがよい。

前後にやさしくゆっくり動かす。

粉の半分くらいを混ぜる。

STEP 5

返しながら混ぜる

粉が半分くらい混ざったら、下からすくって返すようにして全体をやさしく大きく混ぜる。容器を回しながらこれを繰り返し、粉っぽさがなくなって、ひとかたまりになったら完了。

下から生地をすくって返す。

容器を回しながら、繰り返す。

STEP 6

ならす

ゴムべらを左右に動かして、表面を平らにならす。

> こね上げ温度 25℃

STEP 7

一次発酵

蓋をして30℃で1時間発酵。オーブンの発酵機能を利用すると便利。室温（25℃）なら2時間くらい。**目安はやや膨らむ**くらい。

STEP 8

冷蔵庫で一晩発酵

蓋をして冷蔵庫で時間をかけて低温発酵させる。**一晩というのは冷蔵庫で10時間以上**ということ。**目安は1.5倍に膨らむ**くらい。

＊こうすると適度な旨みが出てくる。

> 当日

STEP 9

ねじって混ぜる

「ゴムべらを角に差し込んで生地をすくう→持ち上げてねじる→中央にそのまま落とす」を容器を回しながら、四隅で繰り返して行う。

＊こうするとグルテンが強くなってふんわりもっちりしたパンに仕上がる。

容器の角にゴムべらを入れる。

中心に向かって持ち上げる。

ねじる。

中央にそのまま落とす。

STEP 10

鍋に入れる

オーブンシートを敷いた鍋に生地を入れる。

STEP 11

最終発酵

蓋をして30℃で1時間発酵。オーブンの発酵機能を利用すると便利。
室温（25℃）なら1時間30分くらい。**目安は約1.5倍に膨らむ**くらい。

発酵前。　　　　　　　　　　発酵後。

STEP 12

焼成

予熱したオーブンへ入れて15分焼く。オーブンをあけて蓋を取り、再
び20〜25分焼き、鍋からシートごと取り出して冷ます。

電気オーブン

250℃に予熱。250℃で15分→蓋を取って20〜25分。

ガスオーブン

230℃に予熱。230℃で15分→蓋を取って20〜25分。

蓋をしてオーブンへ。

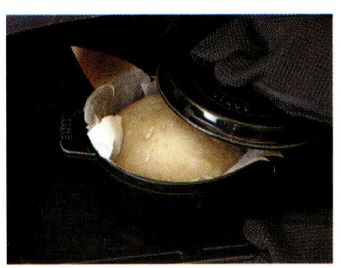

15分後、蓋を取る。

はるゆたかブレンド　材料と作り方→P24

春よ恋　材料と作り方→P24

スペルト小麦粉　材料と作り方→P25

サッコロッソ　材料と作り方→P25

粉をかえる

はるゆたかブレンド

国産小麦のはるゆたかを主体にブレンドした強力粉。
ややしっかりコシのあるパンに焼き上がります。

材料　18cmラウンド1台分

		ベーカーズ%
はるゆたかブレンド	300g	100
インスタントドライイースト	0.6g	0.2
塩	5.4g	1.8
水	255g	85
Total	561g	187

準備と作り方
基本的に、準備 (P18)、基本の作り方 (P19〜21) と同じ。ただし、粉がかわる。

春よ恋

春まきの小麦で、単一の小麦の味が楽しめます。コシの強さより、
小麦の風味と旨みが強く、なめらかでもっちり感のあるパンに焼き上がります。

材料　18cmラウンド1台分

		ベーカーズ%
春よ恋	300g	100
インスタントドライイースト	0.6g	0.2
塩	5.4g	1.8
水	255g	85
Total	561g	187

準備と作り方
基本的に、準備 (P18)、基本の作り方 (P19〜21) と同じ。ただし、粉がかわる。

スペルト小麦粉

小麦にこだわり始めたら、古代小麦ははずせません。
古代からかわらない小麦の味や旨みを味わえます。

材料　18cmラウンド1台分

		ベーカーズ%
スペルト小麦粉	300g	100
インスタントドライイースト	0.6g	0.2
塩	5.4g	1.8
水	240g	80
Total	546g	182

準備と作り方

基本的に、準備（P18）、基本の作り方（P19〜21）と同じ。ただし、粉がかわる。

サッコロッソ

ピザや手打ちパスタに使われる小麦粉できめが細かいのが特徴。
国産小麦とは違う風味ともっちり感が持ち味です。

材料　18cmラウンド1台分

		ベーカーズ%
サッコロッソ	300g	100
インスタントドライイースト	0.6g	0.2
塩	5.4g	1.8
水	240g	80
Total	546g	182

準備と作り方

基本的に、準備（P18）、基本の作り方（P19〜21）と同じ。ただし、粉がかわる。

はるゆたかブレンド＋国産小麦全粒粉　材料と作り方→P28

春よ恋＋大麦粉　材料と作り方→P28

タイプER ＋ マルチシリアルパウダー 材料と作り方→P29

サッコロッソ ＋ そば粉 材料と作り方→P29

2つの粉で

はるゆたかブレンド＋国産小麦全粒粉

穀物としての小麦の香りをたっぷり楽しむパンです。
サンドするなら、どんな具とも好相性。

材料　20cmラウンド1台分

		ベーカーズ%
はるゆたかブレンド	270g	90
国産小麦全粒粉	30g	10
インスタントドライイースト	0.6g	0.2
塩	5.4g	1.8
水	240g	80
Total	546g	182
国産小麦全粒粉	適量	

準備と作り方

基本的に、準備（P18）、基本の作り方（P19〜21）と同じ。ただし、粉を密閉容器ではかるときは2つの粉をいっしょにはかる。**STEP 10**で、生地を鍋に入れたあと、国産小麦全粒粉をふる。

春よ恋＋大麦粉

小麦のもっちり感を味わえる春よ恋に、
食物繊維が豊富な大麦粉のもっちり感をプラス。

材料　20cmラウンド1台分

		ベーカーズ%
春よ恋	240g	80
大麦粉	60g	20
インスタントドライイースト	0.6g	0.2
塩	5.4g	1.8
水	270g	90
Total	576g	192

準備と作り方

基本的に、準備（P18）、基本の作り方（P19〜21）と同じ。ただし、粉を密閉容器ではかるときは2つの粉をいっしょにはかる。

タイプ ER ＋ マルチシリアルパウダー

麦芽粉やオーツ麦、ヒマワリの種などをブレンドしたマルチシリアルパウダー。
いろんな穀物の味を楽しむパンです。

材料　20cmラウンド1台分

		ベーカーズ%
タイプER	240g	80
マルチシリアルパウダー	60g	20
インスタントドライイースト	0.6g	0.2
塩	5.4g	1.8
水	240g	80
Total	546g	182
マルチシリアルパウダー	適量	

準備と作り方

基本的に、準備（P18）、基本の作り方（P19～
21）と同じ。ただし、粉を密閉容器ではかると
きは2つの粉をいっしょにはかる。**STEP 10**で
生地を鍋に入れたあと、マルチシリアルパウダ
ーを散らす。

サッコロッソ＋そば粉

イタリア産の粉と日本人になじみの深いそば粉をプラス。
そば粉の香りがほんのり漂います。

材料　20cmラウンド1台分

		ベーカーズ%
サッコロッソ	240g	80
そば粉	60g	20
インスタントドライイースト	0.6g	0.2
塩	5.4g	1.8
水	240g	80
Total	546g	182
そば粉	適量	

準備と作り方

基本的に、準備（P18）、基本の作り方（P19～
21）と同じ。ただし、粉を密閉容器ではかると
きは2つの粉をいっしょにはかる。**STEP 10**で
生地を鍋に入れたあと、茶こしでそば粉をふる。

具を入れる

甘納豆

ヨーロッパの小麦に和風味を組み合わせました。
そば粉と甘納豆で昔懐かしい味わい。

材料　17cmオーバル1台分

		ベーカーズ%
サッコロッソ	240g	80
そば粉	60g	20
インスタントドライイースト	0.6g	0.2
塩	5.4g	1.8
水	240g	80
甘納豆(ミックス)	90g	30
Total	636g	212

準備と作り方

基本的に、準備 (P18)、基本の作り方 (P19〜21) と同じ。ただし、粉を
密閉容器ではかるときは2つの粉をいっしょにはかる。**STEP 5**で、粉
っぽさがなくなる少し手前で甘納豆を加えて混ぜる (写真)。

黒ごまペースト＋干しいも

国産小麦に黒ごまをたっぷり入れて風味豊か。
干しいもの代わりにふかしたさつまいもを刻んで入れてもおいしいですよ。

材料　17cmオーバル1台分

		ベーカーズ%
タイプER	300g	100
インスタントドライイースト	0.6g	0.2
塩	5.4g	1.8
水	240g	80
黒ごまペースト	60g	20
干しいも（粗みじん切り）	60g	20
Total	666g	222
白いりごま	適量	

準備と作り方

基本的に、準備（P18）、基本の作り方（P19〜21）と同じ。ただし、**STEP 3**で、黒ごまペーストも加える。**STEP 5**で、粉っぽさがなくなる少し手前で干しいもを加えて混ぜる。**STEP 10**で生地を鍋に入れたあと、白いりごまを散らす。

八丁みそ＋カシューナッツ

こだわりの古代小麦にこだわりの発酵食品を加えて旨みをアップ。
八丁みそがないときは、お好みのみそを使って。

材料　17cmオーバル1台分

		ベーカーズ%
スペルト小麦粉	240g	80
大豆粉	60g	20
インスタントドライイースト	0.6g	0.2
塩	2.4g	0.8
水	240g	80
八丁みそ	30g	10
カシューナッツ (ロースト)	30g	10
Total	603g	201
砕いたカシューナッツ (ロースト)	適量	

準備と作り方

基本的に、準備 (P18)、基本の作り方 (P19〜21) と同じ。ただし、粉を密閉容器ではかるときは2つの粉をいっしょにはかる。**STEP 3** で、八丁みそも加える。**STEP 5** で、粉っぽさがなくなる少し手前でカシューナッツを加えて混ぜる。**STEP 10** で生地を鍋に入れたあと、砕いたカシューナッツを散らす。

しょうゆ＋栗の甘露煮

しょうゆは日本人好みの発酵調味料。これを塩味の一部として隠し味に。
栗の旨みや食感との相乗効果も楽しい！

材料　18cmラウンド1台分

		ベーカーズ％
はるゆたかブレンド	240g	80
大麦粉	60g	20
インスタントドライイースト	0.6g	0.2
塩	2.4g	0.8
水	270g	90
しょうゆ	6g	2
栗の甘露煮（粗みじん切り）	60g	20
Total	639g	213
栗の甘露煮	適量	

準備と作り方

基本的に、準備（P18）、基本の作り方（P19〜21）と同じ。ただし、粉を密閉容器ではかるときは2つの粉をいっしょにはかる。**STEP 3**で、しょうゆも加える。**STEP 5**で、粉っぽさがなくなる少し手前で栗の甘露煮を加えて混ぜる。**STEP 10**で生地を鍋に入れたあと、栗の甘露煮を散らす。

ポルチーニ茸＋パンチェッタ

ポルチーニ茸やパンチェッタの香りをいっしょに楽しみましょう。
こだわりのチーズと合わせて食べると絶品！

材料　18cmラウンド1台分

		ベーカーズ％
はるゆたかブレンド	270g	90
国産小麦全粒粉	30g	10
インスタントドライイースト	0.6g	0.2
塩	5.4g	1.8
水	240g	80
ポルチーニ茸（乾燥）	6g	2
パンチェッタ（5〜8mm角に切る）	60g	20
Total	612g	204

準備と作り方

基本的に、準備（P18）、基本の作り方（P19〜21）と同じ。ただし、ポルチーニ茸はミルミキサーで細かく砕き、分量の水に入れて旨みを引き出す。粉を密閉容器ではかるときは2つの粉をいっしょにはかる。**STEP 3**で、ポルチーニ茸を水ごと加える。**STEP 5**で、粉っぽさがなくなる少し手前でパンチェッタを加えて混ぜる。

ミックスシード

コシの強い国産小麦に、国産ライ麦粉の香りと旨みを加えてカンパーニュ風に。
ミックスシードは消化吸収をよくするために熱湯でふやかして使います。

材料　20cmラウンド1台分

		ベーカーズ%
はるゆたかブレンド	240g	80
国産ライ麦粉	60g	20
インスタントドライイースト	0.6g	0.2
塩	5.4g	1.8
水	240g	80
ミックスシード	45g	15
熱湯	45g	15
Total	636g	212
ミックスシード	適量	

準備と作り方

基本的に、準備 (P18)、基本の作り方 (P19～21) と同じ。ただし、ミックスシードは耐熱容器に入れて熱湯を加え、ラップをして30分ほどおく。粉を密閉容器ではかるときは2つの粉をいっしょにはかる。**STEP 5** で、粉っぽさがなくなる少し手前でふやかしたミックスシードを加えて混ぜる。**STEP 10** で生地を鍋に入れたあと、ミックスシードを散らす。

ちょっと
こだわりの
食パン風

しっとりふんわり、
少し軽めのパンの作り方を楽しみましょう。
ここからは、密閉容器に液体を入れて混ぜ、
ポリ袋に粉類を入れて混ぜ、
これを密閉容器の中で合わせ混ぜます。

食パン風の高加水パン

当日に一次発酵から最終発酵まで行って一気に焼き上げます。
ゴムべらに生地を巻きつけながら、グルテンを少しずつ強くするのがポイント。
"やさしく混ぜる"高加水パンだからこその混ぜ方をマスターしましょう。

BASIC

材料　20cmラウンド1台分

		ベーカーズ%
はるゆたかブレンド	300g	100
インスタントドライイースト	1.8g	0.6
塩	4.8g	1.6
きび砂糖	15g	5
牛乳	90g	30
水	150g	50
太白ごま油	15g	5
Total	576.6g	192.2

準備

当日

・粉はポリ袋に入れてはかる。
・鍋にオーブンシートを敷く（P11参照）。

[鍋別、粉の量と焼成時間]

＊粉200g、250gの場合は、上記のベーカーズ%にしたがって他の材料を加減してください。

	17cmオーバル	18cmラウンド	20cmラウンド
粉200g	33分（蓋をして10分→蓋なしで23分）		
粉250g	35分（蓋をして10分→蓋なしで25分）		
粉300g	×	35〜38分（蓋をして10分→蓋なしで25〜28分）	

STEP 1

容器に材料を入れる

密閉容器に塩→砂糖→牛乳→水→太白ごま油の順に入れ、ゴムべらで塩と砂糖を混ぜ溶かす。

STEP 2

粉にイーストを混ぜる

粉の入ったポリ袋にイーストを加える。空気を入れて袋をふって混ぜる。

粉にイーストを加える。

ふってよく混ぜる。

STEP 3

容器に粉を入れて混ぜる

容器に粉を入れ、ゴムべらで「下からすくって返す」、これを容器を回しながら繰り返す。八割方全体に均一に混ざるまで。

材料の入った容器に粉を入れる。

下からすくって返す。

容器を回しながら繰り返す。

粉が多少残るくらいまで混ぜる。

ぐるぐる混ぜて平らにならす

ゴムべらを容器の中でぐるぐる回して、粉っぽさがなくなるまで混ぜ、表面を平らにならす。

こね上げ温度 28℃

ゴムべらをぐるぐる回す。

ゴムべらで平らにする。

一次発酵

蓋をして30℃で30分発酵。オーブンの発酵機能を利用すると便利。室温（25℃）なら1時間くらい。**目安はやや膨らむ**くらい。

ゴムべらを回して混ぜる

「容器の角にゴムべらを差し込んで生地をすくい上げる→ゴムべらを1回転半する→中央に生地をおく」。これを向かいの角からも同様に行う。

生地をすくい上げる。

ゴムべらを1回転半する。

生地をおく。

ゴムべらに巻きつける

向かいの角の生地を中央においたら、ゴムべらを容器の中央に垂直に立てて、ぐるぐる回しながら生地を巻きつけていく。

中央に垂直に立てる。

ぐるぐる回して巻きつける。

STEP 8

鍋に入れる

ゴムべらに生地を巻きつけた状態で持ち上げ、オーブンシートを敷いた
鍋に入れる。ゴムべらを生地からはずし、穴を指で押さえてふさぐ。

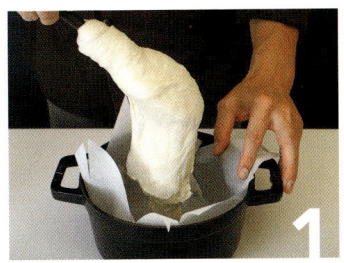
持ち上げて鍋へ。

手で生地をはずす。

指で穴をふさぐ。

STEP 9

最終発酵

蓋をして30℃で1時間30分発
酵。オーブンの発酵機能を利用す
ると便利。室温（25℃）なら2時間
30分くらい。**目安は約1.5倍に膨
らむ**くらい。

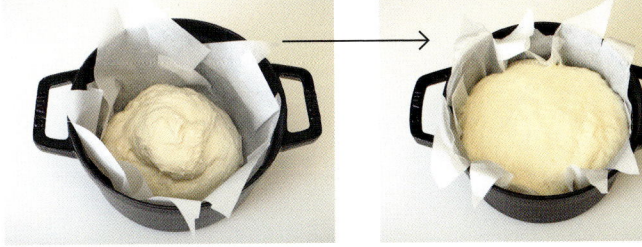
発酵前。　　　　　　　　発酵後。

STEP 10

焼成

予熱したオーブンへ入れて10分焼く。オーブンをあけて蓋を取り、再
び25〜28分焼き、鍋からシートごと取り出して冷ます。

蓋をしてオーブンへ。

電気オーブン

190℃に予熱。190℃で10分→蓋を取って25〜28分。

ガスオーブン

170℃に予熱。170℃で10分→蓋を取って25分。

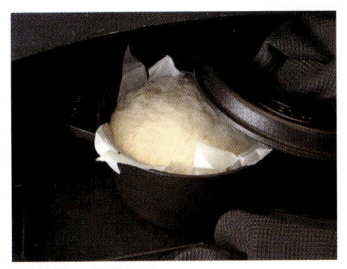
10分後、蓋を取る。

豆乳　材料と作り方→P46

みりん　材料と作り方→P46

甘酒＋干し柿　材料と作り方→P47

カレーパウダー＋黒オリーブ＋パンプキンシード　材料と作り方→P47

豆乳

基本の食パン風の牛乳を豆乳にかえただけ。
豆乳ならではの素朴な味がうれしいパンです。

材料　18cmラウンド1台分

		ベーカーズ%
はるゆたかブレンド	250g	100
インスタントドライイースト	1.5g	0.6
塩	4g	1.6
きび砂糖	12.5g	5
豆乳（成分無調整）	75g	30
水	125g	50
太白ごま油	12.5g	5
Total	480.5g	192.2

準備と作り方

基本的に、準備（P40）、基本の作り方（P41〜43）と同じ。ただし、**STEP 1**で、牛乳を豆乳にかえて加える。**STEP 10**で、オーブンへ入れて10分後に蓋を取り、再び25分焼く。

みりん

基本の食パン風のきび砂糖をみりんにかえて、みりんの甘みを楽しみます。
みりんはアルコール度が高いので、煮詰めた物を使うのがポイントです。

材料　18cmラウンド1台分

		ベーカーズ%
はるゆたかブレンド	250g	100
インスタントドライイースト	1.5g	0.6
塩	4g	1.6
みりん（50gを半量に煮詰める）	25g	10
牛乳	75g	30
水	100g	40
太白ごま油	12.5g	5
Total	468g	187.2

準備と作り方

基本的に、準備（P40）、基本の作り方（P41〜43）と同じ。ただし、**STEP 1**で、砂糖を煮詰めたみりんにかえて加える。**STEP 10**で、オーブンへ入れて10分後に蓋を取り、再び25分焼く。

甘酒＋干し柿

米の甘さと旨みを持った甘酒で作るパンはしっとりもっちり。
甘酒はアルコール分のないものを使いましょう。

材料　18cmラウンド1台分

		ベーカーズ%
はるゆたかブレンド	250g	100
インスタントドライイースト	1.5g	0.6
塩	4g	1.6
きび砂糖	12.5g	5
甘酒	50g	20
水	125g	50
太白ごま油	12.5g	5
干し柿の日本酒漬け（P76参照）	50g	20
Total	505.5g	202.2

準備と作り方

基本的に、準備（P40）、基本の作り方（P41〜43）と同じ。ただし、**STEP 1**で、牛乳を甘酒にかえて加え、**STEP 4**で粉っぽさがなくなる少し前に干し柿の日本酒漬けを加えて混ぜる。**STEP 10**で、オーブンへ入れて10分後に蓋を取り、再び25分焼く。

カレーパウダー＋黒オリーブ＋パンプキンシード

色鮮やかな見た目が食欲をそそるパン。
ラタトゥイユのような野菜の煮込み料理といっしょに楽しむのがおすすめです。

材料　18cmラウンド1台分

		ベーカーズ%
はるゆたかブレンド	245g	98
カレーパウダー	5g	2
インスタントドライイースト	1.5g	0.6
塩	4g	1.6
きび砂糖	12.5g	5
牛乳	75g	30
水	125g	50
太白ごま油	12.5g	5
黒オリーブ（粗みじん切り）	50g	20
パンプキンシード	25g	10
Total	555.5g	222.2
黒オリーブの輪切り	適量	

準備と作り方

基本的に、準備（P40）、基本の作り方（P41〜43）と同じ。ただし、ポリ袋で粉をはかるときにカレーパウダーもいっしょにはかる。**STEP 4**で、粉っぽさがなくなる少し前に黒オリーブとパンプキンシードを加えて混ぜる。**STEP 8**で、生地を鍋に入れたあと、黒オリーブの輪切りを散らす。**STEP 10**で、オーブンへ入れて10分後に蓋を取り、再び25分焼く。

ゆかり

梅じそ風味のゆかりで、おにぎりを食べる感覚で楽しめる食パンです。
お好みで小梅を刻んで加えると、さらにおいしさアップ！

材料　17cmオーバル1台分

		ベーカーズ%
はるゆたかブレンド	250g	100
インスタントドライイースト	1.5g	0.6
塩	4g	1.6
きび砂糖	12.5g	5
牛乳	75g	30
水	125g	50
太白ごま油	12.5g	5
ゆかり	5g	2
Total	485.5g	194.2

準備と作り方

基本的に、準備（P40）、基本の作り方（P41〜43）と同じ。ただし、**STEP 2**で、ゆかりも加える。**STEP 10**で、10分後に蓋を取らず、そのまま25分焼く。

レーズンのラム酒漬け

風味豊かなレーズンがたまらないおいしさ！
ちょっとこだわりのレーズン食パンです。

材料　17cmオーバル1台分

		ベーカーズ%
はるゆたかブレンド	200g	100
インスタントドライイースト	1.2g	0.6
塩	3.2g	1.6
きび砂糖	10g	5
牛乳	60g	30
水	100g	50
太白ごま油	10g	5
レーズンのラム酒漬け（P76参照）	60g	30
Total	444.4g	222.2

準備と作り方

基本的に、準備（P40）、基本の作り方（P41〜43）と同じ。ただし、**STEP 4**で、粉っぽさがなくなる少し前にレーズンのラム酒漬けを加えて混ぜる。**STEP 10**で、オーブンへ入れて10分後に蓋を取り、再び23分焼く。

ほうれん草パウダー＋ベーコン＋フライドオニオン

具だくさんで食べ応えのある食パン。
スクランブルエッグなどの卵料理と相性抜群です。

材料　18cmラウンド1台分

		ベーカーズ%
はるゆたかブレンド	237.5g	95
ほうれん草パウダー	12.5g	5
インスタントドライイースト	1.5g	0.6
塩	4g	1.6
きび砂糖	12.5g	5
牛乳	75g	30
水	125g	50
太白ごま油	12.5g	5
スライスベーコン（5〜8mm角に切る）	50g	20
フライドオニオン	12.5g	5
Total	**543g**	**217.2**
スライスベーコン	2枚	

準備と作り方

基本的に、準備（P40）、基本の作り方（P41〜43）と同じ。ただし、ポリ袋で粉をはかるときにほうれん草パウダーもいっしょにはかる。**STEP 4**で、粉っぽさがなくなる少し前にベーコンとフライドオニオンを加えて混ぜる。**STEP 8**で、穴をふさいだあと、ベーコン2枚を間隔をあけて平行に置く。**STEP 10**で、オーブンへ入れて10分後に蓋を取り、再び25分焼く。

カニカマ＋ブラックペッパー＋チーズ

あのカニカマがやみつきになるほどの存在感！
チーズやブラックペッパーともベストマッチです。

材料　18cmラウンド1台分

		ベーカーズ%
はるゆたかブレンド	250g	100
インスタントドライイースト	1.5g	0.6
塩	4g	1.6
きび砂糖	12.5g	5
牛乳	75g	30
水	125g	50
オリーブ油	12.5g	5
カニカマ（手でさく）	25g	10
ブラックペッパー	少々	
モッツァレラチーズ（溶けるチーズ。1cm角に切る）	50g	20
Total	**555.5g**	**222.2**
カニカマ	適量	
モッツァレラチーズ（溶けるチーズ）	適量	

準備と作り方

基本的に、準備（P40）、基本の作り方（P41〜43）と同じ。ただし、**STEP 1**で、太白ごま油をオリーブ油にかえて加える。**STEP 4**で、粉っぽさがなくなる少し前にカニカマ、ブラックペッパー、モッツァレラチーズを加えて混ぜる。**STEP 8**で、生地を鍋に入れたあと、モッツァレラチーズを散らしてカニカマ数本をのせる。**STEP 10**で、オーブンへ入れて10分後に蓋を取り、再び25分焼く。

チェリートマトのブランデー漬け＋アーモンド

さわやかなチェリートマトの風味がおいしさを倍増。
サラダに合わせてもおいしいし、好みのジャムを塗ってもGood!

材料　17cmオーバル1台分

		ベーカーズ%
はるゆたかブレンド	250g	100
インスタントドライイースト	1.5g	0.6
塩	4g	1.6
きび砂糖	12.5g	5
牛乳	75g	30
水	125g	50
太白ごま油	12.5g	5
チェリートマトの ブランデー漬け(P76参照)	50g	20
アーモンドスライス(ロースト)	25g	10
Total	555.5g	222.2

準備と作り方

基本的に、準備(P40)、基本の作り方(P41～43)と同じ。ただし、**STEP 4**で、粉っぽさがなくなる少し前にチェリートマトのブランデー漬け、アーモンドスライスを加えて混ぜる。**STEP 10**で、10分後に蓋を取らず、そのまま25分焼く。

チーズパウダー＋アーモンド＋レッドチェダーチーズ

チーズの風味豊かなおつまみにもできる食パン。
あまったら、小さくカットしてクルトンにしてもおいしい。

材料　17cmオーバル1台分

		ベーカーズ%
はるゆたかブレンド	200g	100
インスタントドライイースト	1.2g	0.6
塩	3.2g	1.6
きび砂糖	10g	5
牛乳	60g	30
水	100g	50
太白ごま油	10g	5
エダムチーズパウダー	40g	20
レッドチェダーチーズ	40g	20
アーモンド(ロースト。粗みじん切り)	20g	10
Total	484.4g	242.2

準備と作り方

基本的に、準備(P40)、基本の作り方(P41～43)と同じ。ただし、**STEP 4**で、粉っぽさがなくなる少し前にエダムチーズパウダー、レッドチェダーチーズ、アーモンドを加えて混ぜる。**STEP 10**で、オーブンへ入れて10分後に蓋を取り、再び23分焼く。

こだわりの高加水パン作りのQ&A

高加水パンにちょっとこだわるなら、
粉のことや、生地と鍋の大きさの関係などが大切です。
こだわるからこそのパン作りの疑問にお答えします。

Q. 基本のこだわりパンは粉の量が300gと決まっていますが、
食パン風やブリオッシュ風は200g、250g、300gと違っています。なぜ？

A. 食感にこだわったパンだからです。

この本ではストウブの鍋という型でパンを焼きます。決まった大きさのものに生地を入れて焼くので、生地の伸び方で食感にも大きな差が出てきます。小さい鍋に多量の生地を入れるとあふれ出すし、鍋に対して少量の生地だとぺちゃんこになって、ふんわりと焼き上がりません。ですから、**この本では鍋の大きさに合わせて、ベストな生地の量になるように設定**しています。生地の量と鍋の大きさの関係は、おいしいパンを焼く大きなポイント。特にふんわり感を大切にする食パン風やブリオッシュ風は、鍋に合わせたおすすめの量を参考にしてチャレンジすれば、満足できる食感や味のパンに仕上がるはずです。

Q. イーストをはかるとき、
微量ばかりではなく計量スプーンではだめでしょうか？

A. イーストの量はパンの膨らみや味などに影響するので
微量ばかりをおすすめします。

微量ばかりがないときは、計量スプーンを使ってもいいのですが、本書の使用量になるべく近づけるようにしてください。すりきりで小さじ1杯の重さをはかって、その何分の1になるかを計算して、分量の数値に近づけるように工夫してください。また、塩をはかるときも同様です。塩は塩味の濃さだけでなく、**生地を引き締める強さやイーストの活動のしやすさにも大きく影響**してきます。場合によっては書かれている発酵時間前に生地が膨らみすぎて密閉容器からあふれてしまったり、逆に膨らまなかったりすることもあります。こうした失敗を起こさないためにも、微量ばかりを使って正しく計量することをおすすめします。

Q. パンに使う粉で「タイプ○○」という名前のものがありますが、
これってどんな粉のこと？

A. 灰分量で表した粉のことです。

日本では小麦粉をタンパク質量によって強力粉や薄力粉に分類しますが、ヨーロッパでは灰分量によって「タイプ（Type）○○」と分類します。この本で使った「タイプER」のERはヨーロッパ（Europe）の略で、ヨーロッパのハードブレッド専用粉という意味です。日本では灰分が高めの準強力粉がこれに当たります。「タイプ65」「タイプ80」など、数字が入っているものは灰分量を表しているので、数字の大きいものが旨みが強い粉ということです。

Q. 国産小麦粉として「春よ恋」や「はるゆたかブレンド」などを使っていますが、
この本で使っていない粉を使ってはだめでしょうか？

A. ぜひ、ほかの粉でも楽しんでください。

パン作りは自分にとって"一番おいしい！"と感じるパンを作ることが目的です。本書で紹介した粉だけでなく、ほかの粉でもぜひ、楽しんでください。**小麦粉がかわると膨らみ方や味もかわってきます。**北米産の強力粉を使うとパンが大きく膨らむし、灰分量が0.5%より大きい小麦粉を使うと、そんなに膨らみませんが、味が強く感じられるでしょう。ほかの粉を使うときは、**まずは基本の高加水パン（P16）で使って粉の特徴を確認してから、食パン風やブリオッシュ風のパン**に応用するようにしてください。

Q. パンを膨らませるのはイーストとか酵母とか書いてありますが、
これらは同じものですか？

A. はい、同じものです。

酵母のことを英語でイーストといい、酵母は微生物の中のある種の菌を総称する呼び名です。酵母は生きているので、温度や酸素、栄養素などの条件下で活動しやすい状態がととのえば活発に動き始めます。パンの場合は、生地の栄養素を取り込んで、活発に活動し、分裂を繰り返して発酵をはじめます。そうすると、生地の中のデンプンや麦芽糖をブドウ糖に分解して、酵母の中に取り込んで消化し、炭酸ガスを発生。この炭酸ガスでパンは膨らむのです。

Q. 鍋が冷たいけれど、そこへ生地を入れても発酵に影響はない？

A. 鍋を温めてから使うと安心です。

ストウブの鍋は保温性や保湿性が高い反面、保冷性にも秀でています。**冬場など部屋の温度が低いときは、当然鍋も冷たくなります。**手で触ってみて「冷たい！」と感じたら、**人肌程度に温めてから使うと安心です。**温め方はぬるま湯を鍋に入れてしばらく置いてから湯を捨て、水気をきれいに拭いてオーブンシートを敷きます。そこに生地を流し込めば、発酵温度をキープできるので、生地に影響を与えることはないでしょう。

Q. 本に書いてある発酵時間と同じにしたのに、
同じように膨らみません。なぜ？

A. 発酵時間はあくまでも目安！

イーストは生きているので、微妙な温度差によっても膨らみ加減がかわってきます。**作業をする部屋の温度や道具の温度、手の温度、作業時間なども発酵に影響する**ことがあります。本と同じように仕上げる一つのポイントとして「**こね上げ温度**」があります。**目標のこね上げ温度にするために、加える液体の温度をきっちりと調整**しておけば、本と同じ発酵時間で、同じように膨らむはずです。精度の高い食感や味のパン作りを目指す場合も、こね上げ温度をしっかり守ると、思い通りのパンに焼き上がるでしょう。一次発酵、最終発酵の写真を参考にして、発酵がうまくできているかどうかの確認を！ 同じならおいしいパンの完成です。

Q. 一次発酵で冷蔵庫で一晩、とあったのですが、翌日作業ができなくて
二晩入れっぱなしにしてしまいました。大丈夫でしょうか？

A. 二晩までなら大丈夫だと思います。

もちろん、一晩がベストですが、二晩までならなんとか大丈夫だと思います。冷蔵庫の中とはいえ、発酵が止まっているわけではなく、ゆっくりと進んでいるので、**生地の骨格がゆっくりと弱くなっています。**この生地をストウブの鍋に移したあとの最終発酵の段階では、目安の時間よりさらに時間がかかったり、パンの膨らみが悪くなる可能性があります。二晩たった生地を捨てるのはもったいないので、こうした事態が起こることを覚悟の上で焼いてみてください。本来のパンとは少し異なるかもしれませんが、食べられないことはありません。

ちょっと
こだわりの
ブリオッシュ風

ふんわりしているのに、
味が濃厚なのがブリオッシュ風。
バターをたっぷり使うのがポイント。
まるでパウンドケーキのような、
バターの香りとしっとり感を楽しみましょう。

ブリオッシュ風の高加水パン

食パン風と同様に、1日で一次発酵から最終発酵をして一気に焼き上げます。

これも生地をゴムべらに巻きつけながら、グルテンを強くするのがコツ。

砂糖とバターが多めで溶き卵も加わり、リッチな味のパンが完成します。

あえて蓋をしたまま焼き上げることで、均一の食感が楽しめます。

BASIC

材料　17cmオーバル1台分

		ベーカーズ%
ゆめちから	200g	100
インスタントドライイースト	1.6g	0.8
塩	3.2g	1.6
きび砂糖	20g	10
牛乳	40g	20
溶き卵	40g	20
水	80g	40
バター（食塩不使用。5mm角に切る）	40g	20
Total	424.8g	212.4

準備

当日

・粉はポリ袋に入れてはかる。
・鍋にオーブンシートを敷く（P11参照）。

［ 鍋別、粉の量と焼成時間 ］

＊粉250g、300gの場合は、上記のベーカーズ%にしたがって他の材料を加減してください。

	17cmオーバル	18cmラウンド	20cmラウンド
粉200g	蓋をして30分	30分（蓋をして10分→蓋なしで20分）	
粉250g	30〜35分（蓋をして10分→蓋なしで20〜25分）		
粉300g	×	38分（蓋をして10分→蓋なしで28分）	

STEP 1

容器に材料を入れる

密閉容器に塩→砂糖→牛乳→溶き卵→水の順に入れる。

STEP 2

混ぜる

ゴムべらでよく混ぜて、塩と砂糖を溶かす。

STEP 3

粉とバターを混ぜる

粉はポリ袋に入れてはかり、バターを加えて空気を入れ、袋をふって混ぜる。ときどきバターのかたまりを手でつぶしながら、かたまりがなくなるまで混ぜる。

粉にバターを加える。

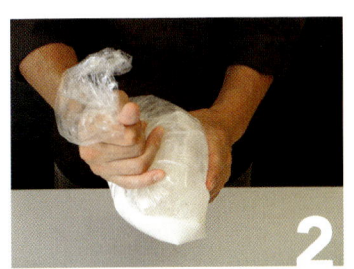

ふってよく混ぜる。

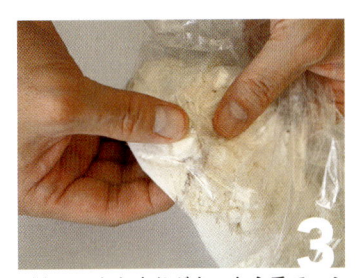

バターのかたまりがあったら手でつぶす。

STEP 4

イーストを混ぜる

ポリ袋の粉にイーストを加えて空気を入れ、ふってよく混ぜ合わせる。

STEP 5

容器にポリ袋の粉を入れて混ぜる

容器にポリ袋の粉を入れ、ゴムべらで「下からすくって返す」、これを容器を回しながら繰り返す。八割方全体に均一に混ざるまで。

最初はゴムべらを中央に入れて返す。

容器を回しながら混ぜる。

ぐるぐる混ぜて平らにならす

ゴムべらを容器の中でぐるぐる回して、粉っぽさがなくなるまで混ぜ、表面を平らにならす。

こね上げ温度 25℃

ゴムべらをぐるぐる回す。

平らにする。

一次発酵

蓋をして30℃で30分発酵。オーブンの発酵機能を利用すると便利。室温（25℃）なら1時間くらい。**目安はやや膨らむ**くらい。

ゴムべらを回して混ぜる

「容器の角にゴムべらを差し込んで生地をすくい上げる→ゴムべらを1回転半する→中央に生地をおく」。これを向かいの角からも同様に行う。

生地をすくい上げる。

ゴムべらを1回転半する。

生地をおく。

ゴムべらに巻きつける

向かいの角の生地を中央においたら、ゴムべらを容器の中央に垂直に立て、ぐるぐる回しながら生地を巻きつけていく。

ゴムべらを中央に垂直に立てる。

ぐるぐる回すとゴムべらに巻きついてくる。

STEP 10

鍋に入れる

ゴムべらに生地を巻きつけた状態で持ち上げ、オーブンシートを敷いた鍋に入れる。ゴムべらを生地からはずし、穴を指で押さえてふさぐ。

持ち上げたまま鍋へ。

手で押さえながらゴムべらをはずす。

穴を手でふさぐ。

STEP 11

最終発酵

蓋をして30℃で1時間30分発酵。オーブンの発酵機能を利用すると便利。室温(25℃)なら2時間30分くらい。**目安は約1.5倍に膨らむ**くらい。

発酵後。

STEP 12

焼成

予熱したオーブンへ入れて蓋をしたまま30分焼き、鍋からシートごと取り出して冷ます。

蓋をしてオーブンへ。

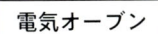
電気オーブン

190℃に予熱。190℃で30分。

ガスオーブン

170℃に予熱。170℃で30分。

そばの実＋りんごのブランデー漬け　材料と作り方→P66

ベリーのカシスリキュール漬け　材料と作り方→P66

ココナッツ＋マンゴーの白ワイン漬け 材料と作り方→P67

ヨーグルト 材料と作り方→P67

そばの実＋りんごのブランデー漬け

そばの実の食感がアクセント。
お好みでシナモンパウダーを少量加えると、さらにおいしさがアップしますよ。

材料　17cmオーバル1台分

		ベーカーズ%
ゆめちから	200g	100
インスタントドライイースト	1.6g	0.8
塩	3.2g	1.6
きび砂糖	20g	10
牛乳	40g	20
溶き卵	40g	20
水	80g	40
バニラオイル	1〜2滴	
バター（食塩不使用。5mm角に切る）	40g	20
りんごのブランデー漬け（P76参照）	40g	20
そばの実	20g	10
熱湯	20g	10
Total	504.8g	252.4

準備と作り方

基本的に、準備（P60）、基本の作り方（P61〜63）と同じ。ただし、そばの実は耐熱容器に入れて熱湯を加え、ラップをして30分ほどおく。**STEP 1**で、バニラオイルも加え、**STEP 6**で、粉っぽさがなくなる少し前にりんごのブランデー漬けとそばの実を加えて混ぜる。

ベリーのカシスリキュール漬け

ベリーの鮮やかな彩りと酸味が特徴。
チーズや生ハム、ワインなどとよく合います。

材料　17cmオーバル1台分

		ベーカーズ%
ゆめちから	200g	100
インスタントドライイースト	1.6g	0.8
塩	3.2g	1.6
きび砂糖	20g	10
牛乳	40g	20
溶き卵	40g	20
水	80g	40
バター（食塩不使用。5mm角に切る）	40g	20
ベリーの カシスリキュール漬け（P77参照）	60g	30
Total	484.8g	242.4

準備と作り方

基本的に、準備（P60）、基本の作り方（P61〜63）と同じ。ただし、**STEP 6**で、粉っぽさがなくなる少し前にベリーのカシスリキュール漬けを加えて混ぜる。**STEP 12**で、オーブンへ入れて10分後に蓋を取り、再び20分焼く。

ココナッツ＋マンゴーの白ワイン漬け

ココナッツと好相性のマンゴーが味のアクセント。
ココナッツオイルは温度によって状態が異なるので、混ぜ方に注意を！

材料　17cmオーバル1台分

		ベーカーズ%
ゆめちから	200g	100
インスタントドライイースト	1.6g	0.8
塩	3.2g	1.6
ココナッツシュガー	20g	10
ココナッツミルク	40g	20
溶き卵	40g	20
水	80g	40
ココナッツオイル	40g	20

＊ ココナッツオイルは25℃以下だと固体、25℃以上だと液体。固体の場合はバターと同じように扱い、液体の場合は太白ごま油のように扱う。ここでは固体のものを使用。

マンゴーの白ワイン漬け（P77参照）	40g	20
Total	**464.8g**	**232.4**
ココナッツファイン	適量	

準備と作り方

基本的に、準備（P60）、基本の作り方（P61〜63）と同じ。ただし、**STEP 1**で、ココナッツシュガーとココナッツミルクを加えて混ぜる。**STEP 3**で、ポリ袋の粉に刻んだココナッツオイルを加えて袋をふって混ぜ、かたまりがなくなるまで混ぜる。**STEP 6**で、粉っぽさがなくなる少し前にマンゴーの白ワイン漬けを加えて混ぜる。**STEP 10**で生地を鍋に入れたあと、ココナッツファインを散らす。**STEP 12**で、オーブンへ入れて10分後に蓋を取り、再び20分焼く。

ヨーグルト

ブリオッシュ風の中で、発酵の旨みと酸味がいちばん楽しめるパン。
ふんわりとした食感があとを引きます。

材料　17cmオーバル1台分

		ベーカーズ%
ゆめちから	200g	100
インスタントドライイースト	1.6g	0.8
塩	3.2g	1.6
きび砂糖	20g	10
ヨーグルト	40g	20
溶き卵	40g	20
水	80g	40
発酵バター（5mm角に切る）	40g	20
Total	**424.8g**	**212.4**
アーモンドスライス	適量	

準備と作り方

基本的に、準備（P60）、基本の作り方（P61〜63）と同じ。ただし、**STEP 1**で、砂糖のあとにヨーグルトを加える。**STEP 10**で生地を鍋に入れたあと、アーモンドスライスを散らす。

バナナのラム酒漬け＋カカオニブ

バナナの甘みに、カカオニブの香ばしさとほろ苦さを合わせた個性的なパン。
豊かな風味も魅力です。

材料　18cmラウンド1台分

		ベーカーズ%
ゆめちから	250g	100
インスタントドライイースト	2g	0.8
塩	4g	1.6
きび砂糖	25g	10
牛乳	50g	20
溶き卵	50g	20
水	100g	40
バター（食塩不使用。5mm角に切る）	50g	20
バナナのラム酒漬け（P77参照）	37.5g	15
カカオニブ	12.5g	5
Total	**581g**	**232.4**

準備と作り方

基本的に、準備（P60）、基本の作り方（P61～63）と同じ。ただし、**STEP 6**で、粉っぽさがなくなる少し前にバナナのラム酒漬けとカカオニブを加えて混ぜる。**STEP 12**で、オーブンへ入れて10分後に蓋を取り、再び20～25分焼く。

デーツシロップ＋ピーカンナッツ

香りの高いデーツシロップとピーカンナッツを合わせて、リッチなパンに。
豆乳の風味もおいしさのあと押しをします。

材料　18cmラウンド1台分

		ベーカーズ%
ゆめちから	250g	100
インスタントドライイースト	2g	0.8
塩	4g	1.6
デーツシロップ	25g	10
＊ ないときはメープルシロップでもよい。		
豆乳	100g	40
水	100g	40
ショートニング（オーガニック）	50g	20
ピーカンナッツ（ロースト。粗みじん切り）	50g	20
Total	**581g**	**232.4**

準備と作り方

基本的に、準備（P60）、基本の作り方（P61～63）と同じ。ただし、**STEP 1**で、砂糖と牛乳と溶き卵のかわりにデーツシロップと豆乳を加える。**STEP 3**で、粉にショートニングを加えてふり、かたまりがなくなるまで混ぜる。**STEP 6**で、粉っぽさがなくなる少し前に、ピーカンナッツを加える。**STEP 12**で、オーブンへ入れて10分後に蓋を取り、再び20～25分焼く。

ほうじ茶＋ホワイトチョコチップ

茶葉の香ばしさがたまらない和風パン。
ホワイトチョコチップを加えるとまろやかな味わいがプラスされます。

材料　17cmオーバル1台分

		ベーカーズ%
ゆめちから	200g	100
インスタントドライイースト	1.6g	0.8
塩	3.2g	1.6
練乳	20g	10
牛乳	40g	20
溶き卵	40g	20
水	80g	40
バター（食塩不使用。5mm角に切る）	40g	20
ほうじ茶パウダー	2g	1

* ないときは、ほうじ茶をミルミキサーで細かく粉砕した物でもよい。

ホワイトチョコチップ	20g	10
Total	446.8g	223.4

準備と作り方

基本的に、準備（P60）、基本の作り方（P61〜63）と同じ。ただし、**STEP 1**で、塩のあとに練乳を加える。**STEP 3**で、粉といっしょにほうじ茶パウダーをはかる。**STEP 6**で、粉っぽさがなくなる少し前にホワイトチョコチップを加えて混ぜる。**STEP 12**で、オーブンへ入れて10分後に蓋を取り、再び20分焼く。

ヘーゼルナッツスライス＋キャラメルチョコチップ

生地にヘーゼルナッツパウダーを加えて、コクをプラスします。
ナッツの香ばしさをぜいたくに味わいましょう。

材料　17cmオーバル1台分

		ベーカーズ%
ゆめちから	180g	90
ヘーゼルナッツパウダー（皮付き）	20g	10

* ないときは、アーモンドパウダーでもよい。

インスタントドライイースト	1.6g	0.8
塩	3.2g	1.6
きび砂糖	20g	10
牛乳	40g	20
溶き卵	40g	20
水	80g	40
バター（食塩不使用。5mm角に切る）	40g	20
ヘーゼルナッツスライス（ロースト）	20g	10
キャラメルチョコチップ	30g	15
Total	474.8g	237.4

準備と作り方

基本的に、準備（P60）、基本の作り方（P61〜63）と同じ。ただし、**STEP 3**で、粉といっしょにヘーゼルナッツパウダーをはかる。**STEP 6**で、粉っぽさがなくなる少し前にヘーゼルナッツスライスとキャラメルチョコチップを加えて混ぜる。

アプリコットとカレンズの白ワイン漬け

酸味が強いアプリコットには香り高いメープルシュガーを合わせるのがポイント。
パンケーキのような感覚で楽しんでください。

材料　20cmラウンド1台分

		ベーカーズ％
ゆめちから	300g	100
インスタントドライイースト	2.4g	0.8
塩	4.8g	1.6
メープルシュガー	30g	10
牛乳	60g	20
溶き卵	60g	20
水	120g	40
バター（食塩不使用。5mm角に切る）	60g	20
アプリコットとカレンズの 白ワイン漬け（P77参照）	90g	30
Total	727.2g	242.4

準備と作り方

基本的に、準備（P60）、基本の作り方（P61〜63）と同じ。ただし、**STEP 1**で、塩のあとにメープルシュガーを加える。**STEP 6**で、粉っぽさがなくなる少し前にアプリコットとカレンズの白ワイン漬けを加えて混ぜる。**STEP 12**で、オーブンへ入れて10分後に蓋を取り、再び28分焼く。

紫いもパウダー＋クリームチーズ

見た目が楽しい紫いもの色みに、クリームチーズのコクをプラス。
ついつい食べすぎてしまう魅力的なパンです。

材料　20cmラウンド1台分

		ベーカーズ%
ゆめちから	282g	94
紫いもパウダー	18g	6
インスタントドライイースト	2.4g	0.8
塩	4.8g	1.6
きび砂糖	30g	10
牛乳	60g	20
溶き卵	60g	20
水	120g	40
バター（食塩不使用。5mm角に切る）	60g	20
クリームチーズ（5mm角に切る）	60g	20
Total	697.2g	232.4

準備と作り方

基本的に、準備（P60）、基本の作り方（P61〜63）と同じ。ただし、**STEP 3**で、粉といっしょに紫いもパウダーをはかる。**STEP 6**で、粉っぽさがなくなる少し前にクリームチーズを加えて混ぜる。**STEP 12**で、オーブンへ入れて10分後に蓋を取り、再び28分焼く。

黒ビール＋オレンジピール＋マカダミアナッツ

黒ビールの苦みがクセになる、ちょっぴり大人のブリオッシュ風パン。
オレンジピールとマカダミアナッツの風味と食感が上質な味わいを醸し出します。

材料　20cmラウンド1台分

		ベーカーズ%
ゆめちから	300g	100
インスタントドライイースト	2.4g	0.8
塩	4.8g	1.6
きび砂糖	30g	10
牛乳	60g	20
溶き卵	60g	20
黒ビール	120g	40
バター（食塩不使用。5mm角に切る）	60g	20
オレンジピール	30g	10
マカダミアナッツ（ロースト。粗みじん切り）	60g	20
Total	727.2g	242.4

準備と作り方

基本的に、準備（P60）、基本の作り方（P61〜63）と同じ。ただし、**STEP 1** で、黒ビールも加える。**STEP 6** で、粉っぽさがなくなる少し前にオレンジピールとマカダミアナッツを加えて混ぜる。**STEP 12** で、オーブンへ入れて10分後に蓋を取り、再び28分焼く。

フードプロセッサーで
生地を混ぜる方法もあります。

最初に材料を混ぜるとき、フードプロセッサーを使うととっても簡単です。食パン風やブリオッシュ風では、密閉容器に砂糖や塩、溶き卵、牛乳、水などの材料を入れて混ぜ、ここへポリ袋に入れてふり混ぜた粉類、あるいは粉類にバターなどを合わせたものを混ぜますが、フードプロセッサーを使えば、この作業を一度にやってくれます。ゴムべらで混ぜたり、袋をふったりしなくても、スイッチだけであっという間に均一に混ざるのでとっても便利です。ぜひ、やってみてください。

STEP 1
粉とバターを混ぜる
容器に粉とバターを入れて、スイッチON。5〜10秒で均一に混ざる。

STEP 2
インスタントドライイーストを混ぜる
インスタントドライイーストを入れて、スイッチON。2〜3秒で均一に混ざる。

STEP 3
塩と砂糖を混ぜる
塩と砂糖を入れて、スイッチON。2〜3秒で均一に混ざる。

STEP 4
水や溶き卵など（液体）を混ぜる
水、牛乳、溶き卵など（液体）を入れて、スイッチON。5〜10秒で均一に混ざる。

STEP 5
回転刃についた生地を落とす
回転刃をはずしてゴムべらでていねいに生地を落とし、生地を容器に入れて一次発酵へ。

フルーツ漬けの作り方

食パン風とブリオッシュ風で使ったフルーツ漬けの作り方です。
パンに合わせていろいろなお酒を使い分けます。
どれも保存容器に入れて3日後くらいから使えます。

干し柿の日本酒漬け
→P47で使用。

材料と作り方（でき上がり110g）
保存容器に、5〜8mm角に切った干し柿100gと
日本酒10gを入れる。

レーズンのラム酒漬け
→P49で使用。

材料と作り方（でき上がり129g）
保存容器に、カリフォルニアレーズン、サルタナ
レーズン、グリーンレーズン各33g、ラム酒（ホ
ワイト）30gを入れる。

チェリートマトのブランデー漬け
→P53で使用。

材料と作り方（でき上がり115g）
保存容器に、1cm角に切ったドライチェリートマ
ト100gとブランデー15gを入れる。

りんごのブランデー漬け
→P66で使用。

材料と作り方（でき上がり120g）
保存容器に、1cm角に切ったドライりんご100g
とカルバドス20gを入れる。

＊カルバドスはりんごを原料にした蒸留酒で、ブランデー
の一種。ないときはその他のブランデーでもよい。

ベリーのカシスリキュール漬け
→P66で使用。

材料と作り方(でき上がり120g)
保存容器に、ドライクランベリー、ドライカシス、ドライブルーベリー、ドライチェリー各25g、カシスリキュール20gを入れる。

バナナのラム酒漬け
→P69で使用。

材料と作り方(でき上がり110g)
保存容器に、ドライバナナ100gとラム酒(ダーク)10gを入れる。

＊ドライバナナがないときは、生バナナでもよい。薄切りタイプのドライバナナは3〜5mm角に切る。

マンゴーの白ワイン漬け
→P67で使用。

材料と作り方(でき上がり120g)
保存容器に、1cm角に切ったドライマンゴー100gと白ワイン20gを入れる。

アプリコットとカレンズの
白ワイン漬け
→P72で使用。

材料と作り方(でき上がり130g)
保存容器に、5〜8mm角に切ったドライアプリコット、カレンズ各50g、白ワイン30gを入れる。

堀田誠（ほった・まこと）

1971年生まれ。「ロティ・オラン」主宰。「NCA名古屋コミュニケーションアート専門学校」非常勤講師。高校時代にスイス在住の叔母の家で食べた黒パンの感動や、大学時代に酵母の研究室で学んだことがきっかけでパンに興味を持ち、給食パンなどを扱う大手パン工場に就職。そこで出会った仲間に「シニフィアン シニフィエ」（東京・下馬）の志賀勝栄シェフを紹介され、本格的にパンの道に進む。その後、当時志賀シェフの弟子だった3人とベーカリーカフェ「オラン」を開業。その後、「ユーハイム」で新店舗の立ち上げに携わったのち、再び志賀シェフに師事。「シニフィアン シニフィエ」に3年勤務したのち、2010年、パン教室「ロティ・オラン」（東京・狛江）をはじめる。著書に『「ストウブ」で、パン』『誰も教えてくれなかったプロに近づくためのパンの教科書』『誰も教えてくれなかったプロに近づくためのパンの教科書 発酵編』（以上河出書房新社）、『ヨーグルト酵母でパンを焼く。』（文化出版局）など。
http://roti-orang.seesaa.net/

デザイン
小橋太郎（Yep）

撮影
日置武晴

スタイリング
曲田有子

パン制作アシスタント
小島桃恵　高井悠衣　伊原麻衣
深尾智子　藤田裕子

企画・編集
小橋美津子（Yep）

「ストウブ」で、こだわりパン

2019年2月18日　初版印刷
2019年2月28日　初版発行

著　者　堀田誠
発行者　小野寺優
発行所　株式会社河出書房新社
　　　　〒151-0051　東京都渋谷区千駄ヶ谷2-32-2
　　　　電話　03-3404-1201（営業）
　　　　　　　03-3404-8611（編集）
　　　　http://www.kawade.co.jp/
印刷・製本　凸版印刷株式会社

Printed in Japan
ISBN978-4-309-28719-5

撮影協力

○ストウブ（ツヴィリング J.A. ヘンケルス ジャパン）
お客様相談室　[フリーダイヤル] 0120-75-7155
http://www.staub.jp/
公式オンラインショップ
https://jp.zwilling-shop.com

○デニオ総合研究所
http://www.deniau.jp/

○寿物産株式会社
電話番号：03-5799-4800
http://www.kotobuki-b.com

○TOMIZ（富澤商店）
オンラインショップ
https://tomiz.com
電話番号：042-776-6488

本書の内容に関するお問い合わせは、お手紙かメール（jitsuyou@kawade.co.jp）にて承ります。恐縮ですが、お電話でのお問い合わせはご遠慮くださいますようお願いいたします。